ANNA,

OU

LES DEUX CHAUMIÈRES,

COMEDIE

EN UN ACTE ET EN PROSE,

MÊLÉE DE CHANTS;

PAROLES DE M. SEWRIN,

MUSIQUE DE M. SOLIÉ.

Représentée, pour la première fois, par les Comédiens ordinaires de S. M. l'Empereur et Roi, sur le Théatre de l'Opéra Comique, rue Feydeau, le Samedi 20 Février 1808.

PRIX : 1 franc 20 c. (24 s.).

A PARIS,

Chez Madame CAVANAGH, Libraire du Théatre des Variétés, Passage du Panorama, N°. 5, près du Boulevard.

1808.

PERSONNAGES. ACTEURS.

RAYMOND, cru paysan.   M. Chenard.
ANNA, sa fille.   Mad. Michu-Paul.
GEORGES, aussi cru paysan.   M. Julien.
SIMONNE, vieille paysanne, servante de Raymond.   Mad. Gonthier.
CHARLES, valet de Georges.   M. Moreau.
M. GRIFFMANN, propriétaire.   M. Juliet.
UN BAILLI.   M. Saint-Aubin.

La Scène se passe dans les montagnes du Tyrol. Le site est pittoresque, et a quelque chose de sauvage. Au côté droit du spectateur est la chaumière de Georges. A gauche la maisonnette de Raymond. Dans le fond on apperçoit une maison, ou espèce de château délabré, et ayant l'air de n'être pas habité.

Plusieurs arbres çà et là ; une petite table de verdure devant la maisonnette de Raymond. Cette maisonnette n'est, proprement dit, qu'une chaumière, mais plus élégante que celle de Georges.

ANNA,

OU

LES DEUX CHAUMIERES.

SCENE PREMIERE.

GEORGES, *assis sur le seuil de sa chaumière, chante en travaillant à un panier d'osier.*

CHANSON.

Un bon roi, certain jour,
Devant toute sa cour,
 Hautement disait :
 Hélas ! que me fait
 Le nom d'majesté,
 Tout' la royauté !
On peut-être, je croi,
Heureux, sans être roi.

(*On entend, de l'intérieur de la chaumière de Raymond, une voix de femme qui répond avec sentiment :*

On peut être, je croi,
Heureux, sans être roi.

GEORGES *surpris, s'arrête, écoute avec attention, n'entend plus rien, reprend son travail et sa chanson.*

Un adroit courtisan
Profite du moment,
 Et, l'prenant au mot,
 Répond aussitôt :
 Si vot' majesté
 N'veut plus d'royauté,
Sire, donnez la moi,
Je vais faire le roi.

(*Après avoir chanté son deuxième couplet, il se tait pour écouter ; mais la voix, au lieu de répéter le dernier refrain, répète encore, et avec plus de sentiment :* on peut être, je crois, etc. *Georges par un geste exprime son ivresse, il se lève, se rapproche sans bruit de la chaumière de Raymond, et chante avec âme et expression le troisième couplet.)*

Aimer, donner son cœur,
Voilà le vrai bonheur.
Les plus beaux états
Pour moi n'valent pas
L'espoir du retour
Que promet l'amour...

(Il ralentit le mouvement de l'air.)

On peut être, je croi,
Heureux sans être roi.

(Il écoute; la voix ne répond plus; il s'avance de quelques pas et reprend le refrain.)

On peut être, je croi, etc.

(Il revient à sa place avec tristesse.) On se tait... je m'étais trop tôt flatté. *(Il pousse avec un peu d'humeur son panier d'osier.)* Laissons là le travail et les chansons. *(Il s'assied avec un air boudeur et le dos tourné à la chaumière de Raymond.)*

SCENE II.

GEORGES, SIMONNE, *sortant de chez Raymond.*

GEORGES, *se retournant, apperçoit Simonne, se lève et va à elle avec un air d'indifférence*

Ah! c'est vous, madame Simonne.

SIMONNE, *avec malice.*

Oui... oui... est-ce que tu ne m'as pas entendue?

GEORGES, *embarrassé.*

Si fait... si fait... j'ai entendu....

SIMONNE, *avec malice.*

Ma voix qui répétait le refrain de ta chanson.

GEORGES.

C'est vous qui... Allons donc, pas possible.

SIMONNE.

Comment, pas possible! petit malhonnête.... est-ce que je chante mal? (*Elle chante en chevrottant.*) Ta, la, la, la... non, je dis; qu'on chante encore comme ça à mon âge...

GEORGES.

Oh! je n'ai pas voulu vous offenser, ma chère Simonne; mais il m'avait semblé...

SIMONNE.

Eh que vous avait-il semblé? parlez, parlez, monsieur le difficile.

GEORGES.

J'ai cru...

SIMONNE.

Je devine... vous avez cru entendre la voix d'Anna, de la fille de mon bon maître...

GEORGES.

Eh! bien, s'il faut vous l'avouer, oui, vous me trompez; mais mon cœur ne s'y trompe pas: c'est Anna qui a chanté!

SIMONNE.

Vot' cœur ne s'y trompe pas! vot' cœur!.... Bah! bah! v'là ce que disent tous les jeunes gens! quand j'avais quinze ans, ils étiont par douzaine autour de moi; ils me parliont de même de leur cœur... Eh ben, de tous ces cœurs là... autant en emporte le vent!

GEORGES.

Mais croyez-vous aussi qu'tous les jeunes gens se ressembliont? non, madame Simonne, non; et je vous prouverons, moi, que si j'parvenions une bonne fois à être aimé d'Anna...

SIMONNE, *vivement.*

Aimé... aimé d'Anna!... Georges, quel mot avez-vous prononcé! Savez-vous ce que nous coûterait votre indiscrétion, si elle venait aux oreilles de mon maître, de M. Raymond ?

GEORGES.

Mon dieu, dame Simonne, vous m'effrayez !

SIMONNE.

Mon garçon... mon garçon... jusqu'ici tu as paru honnête, sage, réservé... discret... Aussi M. Raymond te rend justice, et n'a pas cru ton voisinage dangereux ; mais, vois-tu bien, s'il avait le moindre soupçon que tu puisses aimer sa fille, demain, ce soir, tout à l'heure, à l'instant même il quitterait cette chaumière, où, retiré depuis dix ans, et, grace à la solitude dans laquelle nous vivons, il commence seulement à oublier ses chagrins.

GEORGES.

Ses chagrins !... Et Anna ?

SIMONNE.

Ah ! la pauvre enfant ! elle était si jeune alors... heureusement elle n'a rien vu de tout çà !

GEORGES.

Dame Simonne, vous ne me dites rien, et vous m'en dites trop ; je vais être inquiet, désolé, tourmenté.

RAYMOND, *appelant de chez lui.*

Simonne !

SIMONNE.

On m'appelle... Ne te tourmente pas, mon garçon ; au contraire, sois gai, bien gai ; que lorsque M. Raymond te verra, il n'aille pas imaginer que tu te doutes de quelque chose.

RAYMOND, *appelant encore.*

Simonne !

SIMONNE.

Me v'là, me v'là. (*A Georges.*) Car vrai, si tu n'étais pas un simple paysan, aussi pauvre et ignoré que tu l'es, il y a long temps que nous ne serions plus tes voisins.

SCENE III.

Les Mêmes, RAYMOND, *vieillard d'une belle figure, les cheveux blancs, costume villageois, mais propre et sévère.*

RAYMOND, *parlant sur le seuil de sa porte.*

Simonne... vous n'entendez donc pas ?

SIMONNE, *allant vers lui.*

Pardon ! pardon ! mon cher maître.

RAYMOND.

La matinée est belle, nous déjeûnerons dehors.

SIMONNE, *rentrant.*

Dans l'instant... dans l'instant... dans l'instant.

SCENE IV.

RAYMOND, GEORGES. (*Ce dernier, en appercevant Raymond, s'est replacé sur son escabelle, et a repris son panier d'osier, auquel il feint de travailler.*)

GEORGES *ayant l'air tout occupé de son ouvrage, fredonne son premier air.*

Ta, la, la, la, la,
Ta, la, la, la, la,

RAYMOND, *de loin.*

Bonjour, Georges.

GEORGES.

Vot' serviteur, M. Raymond.
Ta, la, la, la, la,

RAYMOND.

Toujours joyeux ?

GEORGES.

Toujours. (*A part et soupirant.*) Ah!

RAYMOND.

Aimant le travail.

GEORGES.

Ah! dam'... l'oisiveté n'nous f'rait pas vivre.

RAYMOND.

Vous faites de jolies corbeilles ; il faudra nous en montrer, je veux en acheter pour ma fille.

GEORGES, *vivement.*

Pour mam'zelle Anna !... Oh ! j'en ai fait une... C'n'est pas pour nous vanter, M. Raymond... mais vous verrez vous-même queu'mine çà vous a. J'vons la chercher.

RAYMOND, *parlant à Georges qui est rentré précipitamment dans sa cabane, pour aller chercher la corbeille.*

Oh! rien ne presse, ne vous dérangez pas. (*Il rentre à son tour et Georges reparait aussitôt, apportant une jolie corbeille remplie de beaux fruits.*)

SCENE V.

GEORGES. *seul.*

Eh bien, M. Raymond !... Où est-il donc? (*S'avançant vers la demeure de Raymond.*) Monsieur. (*Apperçevant la table.*) Ah! plaçons la sur cette table. Anna va venir, puisse-t-elle accueillir mon présent !... Eh! je ne suis pas mécontent de moi.

AIR.

Lorsque le cœur a fait un choix,
A l'esprit tout devient possible;
C'est ainsi que l'osier flexible
Se plie aisément sous mes doigts.
 L'adresse et le courage
M'ont servi, guidé tour à tour...
Quand on travaille pour l'amour,
L'amour se charge de l'ouvrage.
Simples présens que je voudrais
  Offrir moi-même
  A ce que j'aime,
Pour Anna devenez l'emblême
De mes pensers les plus secrets!
  Bonheur suprême,
  Plaisir extrême!
Lorsque le cœur a fait un choix, etc.

On vient, c'est elle! (*Il se retire vers le fond.*)

SCENE VI.

GEORGES, *du côté de la chaumière*, ANNA *et* SIMONNE, *sortant de la leur.*

ANNA, *tenant un vase d'argile.*

Posez tout cela sur la table, ma chère Simonne, et allez puiser de l'eau à la source.

SIMONNE, *déposant sur la table tout ce qu'elle a dans les mains, le pain, un verre, une jatte de lait, apperçoit la corbeille.*

Que vois-je!

ANNA.

Ah! la jolie corbeille! les beaux fruits?

SIMONNE.

Mais qui donc a pu apporter cela?

GEORGES, *avec un certain trouble.*

C'est moi... c'est moi, mam'zelle Anna.

SIMONNE.

O ciel!

ANNA, *troublée et en même tems contente.*

Vous, M. Georges?

SIMONNE.

Remportez, remportez bien vîte.

ANNA, *avec un peu d'humeur.*

Et pourquoi donc?

SIMONNE.

Si vot' père savait... S'il voyait...

GEORGES, *vivement.*

M. Raymond! c'est lui-même qui tout à l'heure a paru désirer....

SIMONNE.

Lui-même! non, non, non, non, ça n'est pas possible?

ANNA, *contrariée.*

Mais quel entêtement, Simonne; pourquoi ne pas croire à ce que vous dit M. Georges?

SIMONNE, *étonnée.*

Je n'ai plus rien à répondre.

ANNA, *lui donnant le vase.*

Tenez, vous dis-je, allez puiser de l'eau à la source.

GEORGES, *accourant prendre le vase des mains de Simonne.*

Voulez-vous me permettre de vous éviter cette peine?

SIMONNE.

Je le veux bien, je le veux bien, mon enfant, car, à mon âge, les forces... Il y a un peu loin d'ici à la source; va, va, va, tu seras revenu plutôt que moi.

GEORGES.

Oh! laissez faire, allez, j'ons de bonnes jambes! et c'est un si grand plaisir pour moi que de vous être utile! (*Il court à toutes jambes chercher de l'eau à la source. Pendant ce temps Anna et Simonne sont seules sur le devant de la scène.*)

SCENE VII.
ANNA, SIMONNE.

SIMONNE.

Comme il court! comme il court! Ma fille, savez-vous qu'il a du bon, ce jeune homme là? il est prévenant, complaisant, serviable... d'un zèle..... d'une activité!.... enfin, pour un pauvre artisan, j'lui trouvons queuqu' fois des sentimens audessus de son état.

ANNA.

C'est vrai, aussi... mon père a beaucoup d'amitié pour lui.

SIMONNE.

Beaucoup d'amitié! et moi donc?... ça n'a rien, eh ben, c'est toujours en gaîté... J'ai vu sa petite cabanne; il y a un ordre, un arrangement!..... et son petit verger.... c'est soigné, cultivé; mais moi qui vous parle là de lui, comme si....

ANNA, *vivement*.

Ah! dis, dis toujours; je t'écoute avec plaisir.

SIMONNE, *avec mystère*.

Toutes les fois qu'il peut me voir, me rencontrer, il m'parle de vous.

ANNA, *vivement*.

De moi!

SIMONNE.

Avec un intérêt, une chaleur.. vrai, vrai; je crois qu'il vous aime.

ANNA.

Ah! ce pauvre Georges!

SIMONNE

Mais je lui ons ben défendu de vous le dire au moins, car il viendra peut-être un temps où que vot' pèr' pourra retourner dans sa patrie. Il quittera cette demeure solitaire, ce pays sauvage les habits sous lesquels il est obligé de vivre.... et alors vous ne serez plus une villageoise, vous deviendrez une grande dame... On vous mariera à queuq' grand seigneur...

ANNA.

Ah! ma bonne, pourquoi abandonnerais-je cette retraite?

ROMANCE.

J'en prends tous les cœurs à témoins,
Pourrai-je oublier qu'un bon père
M'a prodigué de tendres soins,
Dans cet asyle solitaire?
Ici j'ai vu mes premiers ans
Couler dans une paix profonde;
Je n'ai point connu de méchans;
   Je n'ai point vu le monde.

Le monde a pour moi peu d'attraits,
Bientôt j'y porterais des chaînes;
Je goûte ici des plaisirs vrais,
Et là je n'aurais que des peines.
Cet asyle doit m'être cher,
Sur lui mon avenir se fonde....
Tant que je vivrai, (*Elle tourne ses regards vers la chaumière de Georges.*) ce désert
   Sera pour moi le monde.

SIMONNE.

Quelle sagesse! quelle résignation! oublier ainsi votre rang, votre naissance!

ANNA.

Eh! mon père ne m'en a-t-il pas donné l'exemple?

si j'en juge par les récits qu'il me fait quelquefois, il a été riche, puissant, élevé aux dignités.

SIMONNE.

Hélas, oui. Un simple soupçon, une calomnie le fait disgracier, l'oblige à fuir; en un instant il perd tout, place, fortune..,

ANNA.

Il lui reste le sentiment d'une bonne conscience, l'honneur, que ses ennemis du moins ne pourront lui arracher.

SIMONNE.

Et un bien aussi précieux encore : une fille qu'il chérit et dont il est tendrement aimé... or, comme je vous le disais, mon enfant, si queuqu' fois par hasard... que sait-on? vous voyez avec trop de plaisir les soins attentifs de Georges... l'amour.... l'amitié qu'il a pour vous, sans se douter qui vous êtes....

ANNA, *avec une sorte de dignité.*

Ma bonne, va dire à mon père que le déjeûner est prêt.

SIMONNE, *voulant continuer.*

Si... (*Anna fait un geste.*) J'y vais, ma fille, j'y vais. (*Elle parle toujours en s'en allant.*) C'est que... la prudence... enfin... c'te chère enfant, ah! ah! (*Elle rentre, à peine est-elle rentrée, laissant Anna rêveuse, que Georges reparaît dans le fond, portant d'une main la cruche, et de l'autre un bouquet de fleurs des champs qu'il cache derrière lui.*)

SCENE VIII.
ANNA, GEORGES.

GEORGES, *accourant et croyant parler à Simonne.*

Mam' Simonn', v'là... (*Il se trouve tout à coup auprès d'Anna.*) O ciel!

ANNA.

Oh! mondieu; vous avez bien chaud, M. Georges, pourquoi... courir... si fort?

GEORGES.

C'tapendant, mam'zelle, j'vous ont fait un peu attendre... excusez, c'est que j'nous sommes arrêté queuqu'instant sur les bords du ruisseau, la rosée y avait fait éclore tant d'jolies fleurs... Je m'suis dit: tout l'monde peut en cueillir; mais moi je serai p'têt' assez heureux pour en offrir le premier à mam'zelle Anna.... (*Il lui montre son bouquet, mais avec un air de timidité, comme s'il n'osait le lui présenter.*) et j'en ons composé ce bouquet.

ANNA, *voulant prendre la cruche qu'il porte de la main droite.*

Donnez, M. Georges, que je vous débarasse de..

DUO.

GEORGES, *l'arrêtant.*

Non, non.

ANNA, *troublée.*

Eh pourquoi?

GEORGES. *avec un regard suppliant.*

Demeurez.

ANNA, *s'éloignant faiblement.*

Laissez-moi.

GEORGES, *lui présentant son bouquet.*

Ce bouquet...

ANNA, *timide et embarrassée.*

Ce bouquet!..

GEORGES.

C'est pour vous....

ANNA, *baissant les yeux.*

c'est pour moi...

GEORGES.

qu'il est fait.

ANNA, *rougissant.*

qu'il est fait.

GEORGES, *plus empressé, et posant sa cruche par terre.*

Mon âme avait vu votre image
Dans ces modestes fleurs des champs.
(*Il la presse d'accepter le bouquet Anna résiste, sans oser le regarder.*)

Peine extrême... Ah ! je vous comprends !
Vous refusez ce simple hommage ?
(*Il retourne vers la cabane d'un air affligé.*)

ANNA, *l'arrêtant à son tour.*

Non, non.

GEORGES.

Laissez-moi.

ANNA.

Demeurez.

GEORGES.

Et pourquoi ?

ANNA.

Ce bouquet.

GEORGES.

Ce bouquet.

ANNA.

C'est pour moi...

GEORGES.

C'est pour vous.

ANNA.

qu'il est fait.

GEORGES.

que j'l'ai fait.

Le voilà.

ANNA.

Je le prends... il me plait.

GEORGES, *transporté de joie et d'amour veut baiser la main qui reçoit le bouquet ; mais Anna s'échappe emportant la cruche qui était à terre, et les fleurs qu'elle place bientôt devant elle.*

Grand dieu !

ANNA, *s'éloignant tout à fait, mais avec un dernier regard de tendresse.*

Adieu.

SCÈNE IX.

ANNA, RAYMOND, SIMONNE, GEORGES,
près de sa chaumière.

RAYMOND.

Allons, ma fille, déjeûnons, me voilà tout à toi. (*Il s'assied.*)

ANNA.

Le temps est superbe!... convenez, mon père, que nous serons ici à merveille... (*Elle lance un coup d'œil du côté de Georges.*)

GEORGES.

Morgué! M. Raymond, vous m'donnez l'envie d'en faire autant... (*Il va chercher dans sa cabane du pain, des fruits et une bouteille de vin, il revient aussitôt, s'asseoit par terre et se dispose à déjeûner.*)

RAYMOND.

Ah! ah!... quelle surprise... ces fruits!... d'où viennent-ils donc?... nous n'en avons pas de si beaux dans notre jardin.

GEORGES.

Oh!... c'est une petite ruse de ma part, pour qu'la corbeille en paraisse plus jolie!

RAYMOND, *regardant la corbeille.*

Mais... vraiment... je n'en ai jamais vu de mieux faite!... tiens, regarde, ma chère Anna, croirais-tu que c'est son ouvrage?... je l'avais demandée pour toi... Grand merci, Georges, tu ne m'as pas laissé désirer longtemps...

GEORGES.

Oh! que je voudrions ben autrement vous prouver le zéle et l'amitié que j'avons pour vous!...

RAYMOND.

Je sais, je sais.. je connais ton bon cœur, et dans l'occasion, je pourrais compter sur toi.

ANNA.

Ah! mon père... vous n'avez pas remarqué... ces deux lettres entrelacées...

RAYMOND.

Deux lettres!... Eh! oui!... c'est un A et un R..., ton chiffre et le mien!... Georges, tu avais donc prévu que je te demanderais...

GEORGES, *un peu troublé.*

Oh! non... non... M. Raymond... C'est le hasard, je vous jure...

RAYMOND.

Le hasard! le hasard!... mon garçon, ne produit pas de semblables rencontres... moi je te dis qu'il y a là-dessous quelque dessein caché... et que ces deux lettres signifient Anna et Raymond.

ANNA, *vivement.*

Anna et Raymond... pourquoi vous en défendre M. Georges... mon père ne le trouve point mauvais... (*avec sentiment.*) Anna et Raymond! ah! ces deux noms se confondront toujours comme nos cœurs!...

RAYMOND, *avec sensibilité et serrant la main de sa fille.*

Oui... oui... ma fille!... comme nos cœurs...
(*On voit qu'il est ému et qu'il tâche de retenir ses larmes.*)

SIMONNE, *occupant le milieu du théâtre,*

(*à Georges.*) Et toi qui ne dis rien non plus.... allons, allons, puisque M. Raymond le veut, explique la pensée que tu as eue.

GEORGES, *avec timidité et embarras.*

Ces deux lettres peuvent signifier ben des choses.

ANNA.

Bien des choses!...

GEORGES.

On peut y voir... amitié et respect...

RAYMOND.

Anna, ne trouves-tu pas que ce Georges a plus d'esprit...

ANNA.

Mon père... je n'ai remarqué... que ses bonnes qualités...

RAYMOND.

C'est vrai! sa gaîté continuelle annonce une âme franche et honnête... il est heureux, il n'a pas connu d'autres biens que ceux qu'il possède... espérons aussi, ma chère Anna, qu'avec le temps dans cette retraite... nous oublierons... mais ne pensons point à cela et finissons gaîment notre déjeûner...

AIR.

C'est dans les champs
Et dans la solitude,
Qu'on peut braver tous les méchans ;
C'est dans les champs,
Que, sans inquiétude,
Le cœur se livre à ses plus doux penchans.
Ici que mon âme est ravie !
Auprès de toi, seul avec toi,
J'oublie, Anna, quand je te voi,
Tous les orages de ma vie.

TOUS LES QUATRE.

C'est dans les champs,
Et dans la solitude,
Qu'on peut braver tous les méchans ;
C'est dans les champs,
Que sans inquiétude
Le cœur se livre à ses plus doux penchans.

RAYMOND.

Oui, je renais, grace à tes soins, ma fille,
Et du passé je perds le souvenir ;
D'un jour plus pur l'aurore à mes yeux brille,
Et me promet un heureux avenir.

TOUS LES QUATRE.

C'est dans les champs, etc.

RAYMOND, *se levant et Anna de même.*

Simonne, ôtez tout cela.

(*Simonne enlève tout ce qui est sur la table et le reporte dans la chaumière.*)

SCENE X.
ANNA, RAYMOND, GEORGES.

GEORGES.

Excusez au moins, M. Raymond, si j'ons pris la liberté de faire chorus avec vous...

RAYMOND.

Il n'y a pas de mal, mon garçon, il n'y a pas de mal.

GEORGES.

C'est que vot' chanson est bien vraie... elle m'en rappelle une...

ANNA, *vivement.*

Celle que vous chantiez ce matin, M. Georges?..

GEORGES, *ravi, enchanté.*

Pas vrai, mam'zelle, qu'elle a queuque rapport avec c't'elle ci que nous chantions tout à l'heure ?...

RAYMOND.

Ma fille, allons maintenant faire notre petite promenade accoutumée; viens, tu sais que je ne peux pas me passer de toi.

ANNA.

Et moi donc ?... quel plaisir n'ai-je pas à vous accompagner ?... Allons, prenez mon bras, mon père...

RAYMOND.

Adieu... Georges... A tantôt.

GEORGES.

Adieu, M. Raymond.

ANNA, *emmenant son père par le côté droit, et suivant Georges de l'œil, dit en lui souriant :*

Adieu, M. Georges... A tantôt... Adieu.

(*Georges la voit partir; il est triste et reste en contemplation sans mot dire, jusqu'à ce qu'il ne puisse plus l'appercevoir*)

SCENE XI.
GEORGES, seul.

Elle s'éloigne... Ils me quittent !... Jamais pourtant mon cœur n'avait éprouvé d'émotion aussi douce !... Ah ! c'est qu'aussi jamais Anna ne m'a parue aussi jolie que ce matin... Ne nous plaignons point !... Elle a reçu mon bouquet, et j'ai cru lire enfin dans ses yeux... (*Ici l'on entend le bruit d'un fouet que l'on fait claquer.*) Qu'entends-je ?.. Quel bruit !... Oh! quelque voyageur qui traverse la forêt !... Ce n'est pas à tort que je m'en étonne, car cette partie du Tyrol est si peu fréquentée.... (*Il regarde vers le fond.*) Que vois-je ?.... Un homme qui attache son cheval à un arbre !... Mais... me tromperais-je ?... Eh non... C'est lui !... c'est Charles !... Oh ! se peut-il que... Laissons le faire, et voyons s'il exécutera ponctuellement mes ordres.

(*Il se retire dans sa chaumière.*)

SCENE XII.

GEORGES, *sur le devant, près de sa chaumière, feignant d'arranger différentes choses.* CHARLES *dans le fond. Ce dernier est en petit habit de livrée ; mais il a par dessus une redingotte qui empêche d'abord de penser ce qu'il est. Son chapeau rond est enfoncé sur ses yeux, et il tient un fouet à la main. Il porte en bandouliere un petit cor, comme en ont tous les valets en Allemagne.*

CHARLES, *dans le fond:*

Ces maudites montagnes !... Voilà sept lieues tout d'une haleine, sans pouvoir seulement trouver une misérable auberge ! Pourvu encore que je ne me sois pas trompé de chemin... (*Il regarde un petit papier.*) Voyons... A l'extrémité de la forêt... J'y suis... Une maison ou espèce de château qui n'est pas habité... La voilà... Je suis bien venu déjà une fois ici ; mais morbleu ! à moins d'y venir tous les jours, je défie qu'on se reconnaisse dans tous ces petits sentiers à droite... à gauche... Quel pays, bon dieu !... et comme il faut être amoureux pour se résigner à l'habiter. (*S'avançant sur le devant.*) Deux chaumières... c'est bien cela ! Autant que je puis me rappeler, voilà celle... (*Il désigne celle à gauche.*) Allons, les anciens paladins se faisaient annoncer par leurs écuyers, moi qui n'ai point d'écuyer, je vais m'annoncer moi-même. (*Il est prêt à donner du cor, lorsque Georges paraît tout à coup.*)

GEORGES.

A merveille ! mon cher Charles ! tu n'as pas oublié le signal convenu.

CHARLES, *laissant tomber son fouet et son cor, se précipite tout à coup sur une des mains de Georges, qu'il presse affectueusement.*

Mon cher maître ! vous voilà !... C'est bien vous !... (*La redingotte doit s'ouvrir de manière à laisser appercevoir l'habit de valet.*)

GEORGES, *le contenant.*

Chut !... modère ta joie et prends garde de me trahir.

CHARLES.

Que je modère ma joie !... que je modère ma joie ! il y a si long-temps que je n'ai eu le bonheur de vous voir.

GEORGES. (*Dans toute cette scène il parle toujours comme s'il craignait d'être entendu.*)

Qui t'amène en ces lieux ?

AIR.

CHARLES, *vif et pressé*

Ah ! vous devez bien le comprendre !
L'inquiétude !.. le tourment !
La crainte... le désir d'apprendre,

Si vous êtes mort ou vivant?
J'ai dû, pour le moins, vous écrire
Dix fois, vingt fois.
Pas de réponse... que veut dire?
J'attends un mois... deux mois... six mois!
Bah ! j'eusse attendu long-temps je crois?
J'en suis sûr, dans votre délire,
Tout occupé de vos amours,
A soupirer passant vos jours,
Vous n'avez pas daigné me lire.
Mon pauvre maître! et cependant
Charles, Charles vous aime tant !
Ma foi, ne pouvant plus attendre,
L'inquiétude ! le tourment !
Je viens moi-même pour apprendre,
Si vous êtes mort ou vivant.

GEORGES.

Ah! mon ami, les jours que j'ai passés ici ont été jusqu'à présent les plus heureux de ma vie!

CHARLES.

Comment? vous naguère le cavalier le plus vanté, le plus instruit de tout Inspruck! j'ose dire, même, le plus extravagant... vous voilà philosophe!

GEORGES.

Charles, j'ai fait des folies et tu sais quelles en ont été les suites...

CHARLES.

Mais le nouveau roman que vous avez entrepris, cette belle passion, qui vous fait résoudre tout-à-coup à vivre dans les bois ne serait-elle pas l'effet de votre imagination qui vous porte toujours aux choses extraordinaires... jugez en : il y a maintenant à peu près six mois, nous voyageons dans les montagnes du Tyrol, en passant par ce lieu sauvage, la beauté, la singularité du site vous arrête; tout à coup apparaît à vos yeux une jeune et jolie villageoise....

GEORGES.

Ah! dis plutôt, tout ce que la nature a créé de plus charmant, de plus accompli...

CHARLES.

Charmant! soit. Votre cœur s'enflamme, votre esprit s'exalte; dès ce moment vous ne rêvez plus que bois et montagnes, arbres, ruisseaux, rochers, prairies, échos... que sais-je moi.... et voilà que vous me laissez maître et régisseur de tous vos biens, pour vous reléguer dans cette solitude... sous un chaume... vêtu... ah!... qui croirait en vous voyant que c'est là ce jeune et aimable Ferdinand qui faisait tourner tant de têtes à Inspruck.

GEORGES.

Ah! mon dieu, oui, mon ami... et comme rien n'est plus dangereux que l'oisiveté, tiens regarde. (*Il lui montre le panier d'osier auquel il travaille.*) Voilà mes occupations actuelles.

CHARLES.

Se peut-il?.. et qui vous a enseigné ce beau, ce magnifique talent?...

GEORGES.

Oh! ne plaisante pas... je m'applaudis chaque jour de ma situation!... Eh! qu'a t'elle en effet d'humiliant?

AIR.

Des traits que la fable nous cîte,
J'ai fait le plus heureux emploi;
Et quand tu blames ma conduite,
Cet habit seul parle pour moi :
Le premier devoir de la terre,
Est de se régler sur les cieux;
Mortel enfin, j'aspire à faire
Ce que jadis ont fait les dieux.

CHARLES.

Les dieux!... expliquez-moi, je vous prie, quel rapport...

GEORGES.

Sous le toit d'une humble chaumière
Jupiter, dit-on, vint loger ;
Le dieu brillant de la lumière,
Apollon jadis fut berger :
Aux pieds d'Omphale on vit Hercule,
Filer pour lui prouver ses feux ;
Tu vois que, malgré ton scrupule,
Mon ami, j'ai pour moi les dieux.

Mais laissons cela et parle-moi....

CHARLES.

De vos amis ?... ils sont tous étonnés de votre silence. (*Il tire de sa poche plusieurs paquets de lettres et un portefeuille ; il donne un paquet de lettres à Georges.*) Vous en jugerez par ces lettres voilà de quoi lire !... quant à vos affaires, elles sont en bon train... voici un portefeuille qui contient pour trente mille florins de bons papiers sur la banque de Vienne. J'ai converti ainsi votre argent, afin que vous en fussiez moins embarrassé.

GEORGES.

Je vois avec plaisir que ta prudence veille à tout...

CHARLES.

Monsieur... pardon.... mais, j'ai fait sept grandes lieues sans boire un verre d'eau... dans votre hermitage, n'y aurait-il pas encore quelque bouteille de bon vin.. Je me rappelle que vous l'aviez assez abondamment pourvu.

GEORGES.

Ce pauvre Charles ! comment donc ; mais certainement... repose toi. (*Charles s'asseoit sur l'escabelle, Georges lui apporte à déjeûner.*) Mon ami, j'ai oublié tout, jusqu'à nos conditions, c'est moi qui veux te servir aujourd'hui ; tiens, voilà du pain, des fruits, un verre... et puis de quoi te redonner des forces...

CHARLES, *buvant.*

Que vous êtes bon !... (*Après avoir bu.*) Ah !... ça me remet un peu.

GEORGES.

Demeure, je vais lire mes lettres, ensuite je te rapporterai mes ordres et tu repartiras, car tu ne peux pas long-temps rester ici.

CHARLES.

Mais au moins, monsieur, suis-je encore éloigné d'un petit village qu'on m'a nommé Obersdolff.

GEORGES.

Non, il y a tout au plus une lieue... C'est là que demeure M. Griffmann, le propriétaire de cette maison que tu vois... qui, faute d'être habitée, tombe presqu'en ruine... On dit qu'il loge des voyageurs.... à Obersdolff.... tu pourras y aller coucher ce soir.

(*Il rentre dans sa chaumière.*)

SCENE XIII.

CHARLES, *seul.*

Ah ! mon pauvre maître !... il faut avoir tout à fait perdu la tête pour... et qui a opéré ce beau miracle ?... une jeune paysanne !... c'est que je le connais, s'il se met dans l'esprit de l'épouser, il l'épousera... Est-ce qu'avant de partir, nous ne la verrons pas, cette belle enchanteresse !... qui retient mon maître dans des chaînes... de fleurs !.. silence.. voilà quelqu'un qui sort de la chaumière voisine....

SCENE XIV.

CHARLES, *d'un côté*, SIMONNE *de l'autre.*

SIMONNE.

Mon dieu ! M. Raymond ne reste pas ordinairement si long-temps à la promenade !

CHARLES, *ne voyant Simonne que par derrière.*

(*A part.*) Tiens !... oh ! ce n'est pas elle !.. (*haut.*) Dites donc, l'aimable enfant ?...

4

SIMONNE, *se retournant.*

Qui m'appelle?

CHARLES, *se cachant pour rire.*

La peste! c'est bien le diable, je crois!

SIMONNE.

Quel est cet étranger?... (*Elle s'avance.*) Mon ami...

CHARLES, *à part.*

Mon ami... (*Souriant.*) Aux champs l'on n'y regarde pas de si près! Elle va m'interroger, soyons discret.

SIMONNE.

Qui êtes-vous?

CHARLES.

Un voyageur.

SIMONNE.

Que faites-vous là?

CHARLES.

Un repas... champêtre!

SIMONNE.

D'où venez-vous?

CHARLES.

D'un village que j'ai quitté ce matin.

SIMONNE.

Où allez-vous?

CHARLES.

A un village où je coucherai ce soir.

SIMONNE, *à part.*

Me v'là ben instruite!

CHARLES, *à part.*

Attrape... voilà ce que c'est que d'être curieuse.

SIMONNE, *revenant à la charge.*

Mon ami...

CHARLES, *à part.*

Encore!...

SIMONNE.

Est-ce que vous connaissez Georges?

CHARLES.

Georges! qu'est-ce que c'est que cela?... Non... (*A part.*) Questionne!... questionne... tu ne sauras rien.

SIMONNE.

C'est le maître de cette cabanne!...

CHARLES.

Ah! ce jeune paysan qui m'a donné l'hospitalité? c'est un brave garçon, pas vrai, la mère?

SIMONNE.

Comment!... c'est lui qui vous a donné...

CHARLES.

Eh! qu'y a-t-il là d'étonnant? Est-ce que si j'avais frappé à votre porte, vous n'en auriez pas fait autant? les chaumières servent à reposer les voyageurs quand ils sont las, comme les sources servent à les désaltérer quand ils ont soif.

(*Il boit un verre de vin.*)

SIMONNE.

Il ne fallait pas du moins vous adresser au plus pauvre de l'endroit.

CHARLES.

Morbleu! je n'ai pas vu qu'il y eût à choisir. Cette maison et la vôtre.. voilà bien toutes les habitations de l'endroit! (*A part.*) Il est joli l'endroit! deux bicoques et une maison ruinée!

SIMONNE, *à part.*

Cet homme là.... a une manière de répondre... je ne sais pas, moi.... mais je ne m'y fierais pas trop. (*Haut.*) monsieur....

CHARLES.

Oh pour le coup ne répondons plus... Lisons... j'ai là justement dans ma poche une gazette.. (*Affectant de lire haut.*) « Vienne, son excellence, » monsieur le comte de Zildermann, ministre des » affaires étrangères...

SIMONNE

(*Haut avec un air de méfiance.*) Il est bien permis pourtant, lorsqu'on voit une figure... extraordinaire... de s'informer... de savoir... de chercher à connaître...

CHARLES, *lisant encore plus haut et reprenant.*

» Invite les personnes qui auraient connaissance » de la retraite du baron de Mansberg..,

SIMONNE, *surprise tout à coup.*

Du baron de Mansberg !

CHARLES, *lisant.*

» A vouloir...

SIMONNE.

Se peut-il ! qu'entends-je ?.. que dites-vous donc ?. Il est question là-dedans ?...

CHARLES, *s'arrêtant.*

Du baron de Mansberg !.., mais vous vous étonnez de tout ! même de ce que dit la gazette !

SIMONNE, *à part.*

Oh ciel ! ne soufflons mot... Cependant... je voudrais... mais je crains... (*Pendant que Simonne sur le devant de la scène, hésite et se consulte, Georges paraît à sa porte, et dit à Charles avec hâte.*)

GEORGES.

J'apperçois Anna qui revient avec son père.... Charles, rentre, rentre bien vîte... (*Charles se sauve dans la chaumière de Georges.*)

CHARLES, *en se sauvant.*

Ouf! vous me tirez d'un grand embarras.
(*Il emporte avec lui sa bouteille et rentre avec Georges.*)

SCENE XV.

SIMONNE, *seule et se consultant encore.*

Eh! qu'importe après tout. Cela m'intéresse trop cela intéresse trop mon pauvre maître, et je veux apprendre ce que... (*Elle se retourne comme pour parler à Charles et ne le voit plus.*) Eh bien, où est il?... (*Elle regarde par tout.*) Il a disparu!.... ô ciel! ne m'en étais-je pas douté... quand je disais moi que cet homme là était suspect!... il est parti... il a craint de se découvrir... c'est un espion!... Oui, le nom de Mansberg qu'il a prononcé... l'embarras de ses réponses, cette fuite soudaine... c'est un espion!... Voici M. Raymond qui revient... Ah! ne lui laissons pas ignorer...

SCENE XVI.

RAYMOND, ANNA, GRIFFMANN, SIMONNE.

SIMONNE, *allant au devant de Raymond.*

Monsieur... mon cher maître!..

RAYMOND.

Laissez nous, Simonne, vous voyez que je suis en affaires...

GRIFFMANN.

Oui, oui, laissez nous, laissez nous; nous sommes en affaires.

SIMONNE.

(*a Raymond.*) Monsieur, il est important que j'vous parle, il est essentiel que vous sachiez...

RAYMOND.

Va, j'irai te rejoindre tout à l'heure.

ANNA.

J'ai bien du chagrin, ma chère Simonne, viens tu n'en connaîtras que trop tôt la cause. (*Elle rentre avec Simonne.*)

SCENE XVII.

RAYMOND, GRIFFMANN, GEORGES.

GEORGES, *sortant de chez lui, appercevant Griffmann.*

Quel est cet homme là... Ah! c'est M. Griffmann; le propriétaire de... (*Montrant la maison du fond.*) Que veut-il? (*Il se cache pour écouter.*)

GRIFFMANN.

J'en suis désolé; vrai, M. Raymond, j'en suis désolé; mais il y a six ans que ma maison n'est pas habitée; elle a besoin de réparations que je ne suis pas en état de faire, je trouve un acquéreur qui ne consent à l'acheter qu'à la condition que je lui en céderai toutes les dépendances, il tient surtout à la petite métairie que je vous ai louée et en conscience je ne peux pas renoncer à un marché que je ne retrouverai jamais.

GEORGES, *à part.*

Qu'entends-je?

RAYMOND, *à Griffmann.*

Je ne vous demande qu'un délai de deux ans: passé ce terme, si je n'en ai pas fait moi-même l'acquisition, vous serez libre de disposer de tout.

GRIFFMANN.

C'est impossible! vous dis-je? mon bien périclite, j'ai besoin d'argent, on m'en offre... et je ne puis refuser.

GEORGES, *à part.*

L'égoïste.

RAYMOND.

Mais il y a de l'injustice dans ce procédé... Quand j'ai loué cette petite habitation, rappellez vous dans quel état je l'ai prise; voyez celui où elle est maintenant, et c'est lorsqu'elle est améliorée par mes soins, lorsque je commence seulement à m'y plaire, que vous voulez m'en chasser?...

GRIFFMANN.

Chasser, n'est pas le mot; je vous prie d'en sortir

GEORGES, *à part.*

Le traître!

GRIFFMANN.

Au reste, vous êtes le maître d'y rester... achetez... j'ai là un compromis tout prêt... les noms encore en blanc. (*Il tire de sa poche et montre un papier.*) Je vous laisse la préférence, on m'en donne douze mille florins... signez, payez... et tout cela vous appartient.

GEORGES, *à part.*

J'enrage!

RAYMOND.

Mais une pareille affaire demande un peu de réflexion; mon bail au reste a six mois encore à courir...

GRIFFMANN.

Oh! nous connaissons les us et coutumes, l'on vous paiera l'indemnité d'usage...

GEORGES, *à part.*

Si j'osais...

RAYMOND.

Payer!... non, monsieur, l'intérêt vous fait oublier les convenances; nous ne pouvons plus nous entendre; adieu: je quitterai dès demain cette demeure où je croyais être à l'abri de la persécution des hommes. (*Il rentre chez lui.*)

SCENE XVIII.

GRIFFMANN, GEORGES.

GRIFFMANN.

Grands mots que tout cela!... je suis propriétaire et je fais de mon bien ce que bon me semble... Persécution! persécution! quand j'ai la bonté encore de lui accorder la préférence!

GEORGES, *prêt à s'avancer et parlant du côté de sa chaumière en montrant son portefeuille qu'il tire de son sein.*

O mon cher Charles!... tu ne pouvais arriver plus à propos!... (*Il s'avance vers Griffmann.*) Eh! bien, M. Griffmann... (*Il lui donne une tape sur l'épaule.*) Qu'est-ce donc?... vous avez des difficultés avec le père Raymond?... cela m'étonne!..

GRIFFMANN, *tout étonné du coup qu'il vient de recevoir.*

Ce qui m'étonne, moi, c'est la politesse avec laquelle vous abordez les gens.

GEORGES, *lui prenant la main, en la lui serrant.*

Bon! des gens comme nous... J'n'y faisons pas d'façons...

GRIFFMANN, *reculant.*

Doucement, doucement, je vous prie, monsieur sans façons!

GEORGES.

Enfin, de quoi s'agit-il? hein? parlez..

GRIFFMANN, *avec humeur.*

Il s'agit... qu'il faut que Raymond s'en aille au plutôt d'ici...

GEORGES, *faisant l'étonné.*

Bah!

GRIFFMANN, *avec humeur.*

Et vous voudrez bien, vous, en faire autant,

GEORGES, *faisant l'étonné et riant.*

Comment ça?

GRIFFMANN.

Je vends ma maison, et tout ce qui en dépend, cette chaumière, la vôtre...

GEORGES, *faisant l'étonné.*

Oh! oh! pas possible.

GRIFFMANN.

Si bien possible... que voici le marché... Et l'acquéreur n'attend plus que mon dernier mot pour signer...

GEORGES, *lisant le papier que Griffmann tient ouvert.*

Douze mille florins !... Que ça ?

GRIFFMANN.

C'est pour rien... je le sais...

GEORGES.

Vous auriez pu trouver mieux.

GRIFFMANN.

Ah ! à force d'attendre... je perdrais tout... Je vends... au comptant... et je vous donne, à vous, trois jours pour décamper.

GEORGES.

Un moment... un moment ! Que diable !... on peut s'entendre ! (*Lui faisant signe de lui remontrer le papier.*) Il me semble que sur ce marché on n'a rien stipulé pour Madame Griffmann ?

GRIFFMANN.

Non, douze mille florins, net.

GEORGES.

Et si l'on vous en offrait mille de plus ?...

GRIFFMANN, *se redressant, et regardant Georges avec surprise.*

Mille !... mille !...

GEORGES.

Mille... florins... de plus pour Madame Griffmann ?

GRIFFMANN, *reprenant sa bonne humeur et souriant.*

Comment... mon garçon... Est-ce que tu connaîtrais quelqu'un ?...

GEORGES, *souriant.*

Oui...

GRIFFMANN.

Diable ! ceci devient sérieux... Georges, si tu fais cette affaire là, je te donnerai vingt ducats pour boire. Il ne tient qu'à toi...

GEORGES.

Il ne tient qu'à vous...

5

GRIFFMANN.

A moi !... Me voilà prêt !... Dans une heure, dans deux, tout de suite, si l'on veut... Les noms sont en blanc, il n'y a qu'à remplir...

GEORGES.

Une plume et de l'encre...

GRIFFMANN, *avec empressement.*

J'en ai... j'en ai toujours sur moi... (*Il tire de sa poche une grosse écritoire de chagrin.*)

GEORGES.

Asséyez vous...

GRIFFMANN, *s'asseyant sur l'escabelle, et près de la chaumière.*

Mais, la personne qui achette... où est-elle ?

GEORGES.

Ne vous embarrassez pas... Ecrivez toujours.

GRIFFMANN, *étonné.*

Que veut dire ?... Voyons... (*Il est prêt à écrire et lit le protocole du marché.*) Entre nous, soussignés, Hugues Babolin Griffmann, ancien magistrat... (*S'interrompant.*) Jadis, je fus greffier, ce sont mes noms et qualités... (*Il reprend.*) Babolin Griffmann, ancien magistrat, et... (*Il attend les noms de l'acquéreur.*)

GEORGES, *dictant.*

Et Georges... (*Griffmann écrit à mesure.*)

GRIFFMANN, *étonné.*

Georges !...

GEORGES.

Ecrivez donc... (*Dictant.*) Georges-Ferdinand de Wolchted...

GRIFFMANN, *écrivant.*

Ferdinand de Wolchted !... J'ai vu ce nom là quelque part... Les titres ?...

GEORGES, *tirant de son portefeuille des papiers de banque.*

Les voici... Treize mille florins, prix convenu et payé comptant. Vous trouvez ce papier là bon, n'est-ce pas ?...

GRIFFMANN.

Excellent! J'en voudrais avoir une maison pleine!... Mais, qui va signer cela?

GEORGES.

Moi.

GRIFFMANN, *étonné et le regardant.*

Toi!... Que signifie?...

GEORGES.

Que vous importe?... puisque voilà votre argent! (*Il signe.*) C'est bon. (*Il ploie le papier, et le met dans sa poche.*) Vous me ferez remettre demain l'état des bâtimens, des terres et dépendances...

GRIFFMANN, *à part.*

Les bras me tombent... (*Haut.*) Signe donc aussi le double. (*Georges signe.*) C'est çà... (*Il met le papier dans sa poche, et avec étonnement dit à part.*) Je tiens l'argent; mais, morbleu! il faudra savoir où il l'a pris... (*Haut.*) Ah! çà, tu viendras demain à Obersdolff, chez le notaire, pour passer le contrat de vente.

GEORGES, *d'un air tranquille.*

J'irai demain chez le notaire; il suffit : vous êtes content, adieu, M. Griffmann.

GRIFFMANN, *n'en revenant pas, et ne cessant de regarder Georges en s'en allant.*

Un paysan!... pauvre... inconnu... qui... Oh! non, non, non, non... Il y a là dessous quelque chose que je ne puis pas deviner; mais, morbleu! que je saurai bientôt, ou je ne m'appelle pas Babolin Griffmann.

GEORGES, *à part.*

Heureuse occasion! Ah! je suis enchanté! J'ai fait une excellente affaire!

GRIFFMANN, *pour s'en aller et dire son à parte, a passé tout le long de l'avant-scène; comme il est auprès de la chaumière de Raymond, il se trouve tout-à-coup en face d'Anna qui en sort; il lui dit:*

Mademoiselle, j'en suis fâché pour vous; mais vous pouvez dire à votre père que tout est fini;

que le propriétaire actuel de tout ce bien se nomme M. Ferdinand de Wolchted...(*Il s'en va et revient sur ses pas.*) Vous avez entendu. (*Très-haut.*) M. Ferdinand de Wolchted! (*Il sort.*)

SCENE XIX.
ANNA, GEORGES.

ANNA, *à part.*

Méchant homme!.. il faudra donc tout abandonner?

GEORGES, *appercevant Anna.*

La voilà seule?..

ANNA, *à part.*

Comment lui annoncer?

GEORGES, *à part.*

Ne disons rien, puisse-t-elle ignorer à qui elle va devoir son repos!

ANNA, *à part.*

Il sera bien affligé ce pauvre Georges!

GEORGES, *entendant prononcer son nom.*

Georges! est-ce que vous m'appellez, mam'zelle?

ANNA, *surprise.*

Non, non! (*A part.*) Je tremble!

GEORGES.

Vous soupirez, Anna; seriez vous malheureuse?

ANNA.

Vous ignorez la résolution que mon père a prise, nous quittons cette retraite, nous partons demain.

GEORGES.

Demain!

ANNA.

Vous soupirez aussi, M. Georges?

GEORGES.

Que deviendrai-je dans cette solitude, lorsque vous n'y serez plus, sans amis... sans parens... loin de vous?.. Au lieu de l'espérance qui charmait mon cœur, je n'aurai plus que des souvenirs qui l'accableront.

ANNA.

Des souvenirs?..

GEORGES, *plus vivement.*

Eh! se passera-t-il un instant sans que je pense à vous? Accoutumé dès long-temps à vous voir chaque jour... à vous aimer...

ANNA.

Georges! qu'osez-vous dire?

GEORGES.

Oui, Anna, à vous aimer!...

ANNA.

Vous le savez, soumise à la volonté de mon père....

GEORGES.

Il vous chérit, il ne veut que votre bonheur! si vous disiez un mot, ses désirs seraient les vôtres; il consentirait à nous unir.

ANNA.

A nous unir... non... jamais...

GEORGES.

Jamais....

ANNA.

Un obstacle, puissant, invincible...

GEORGES.

Un obstacle... en est-il que l'amour ne puisse vaincre? Non, Anna, votre père ne quittera pas cette demeure, elle n'appartient plus à cet homme avide qui a voulu l'en exiler; celui qui en est maintenant possesseur, vous la rend pour la vie, je puis vous faire en son nom cette promesse que bientôt il confirmera lui-même.

ANNA.

Eh qu'importe?... si ce motif seul existait, vous ne m'eussiez pas vu agitée par tant de craintes!....

GEORGES.

Quel autre?.. quel autre encore? Parlez, Anna, parlez...

ANNA.

Je cède à la crainte que vous ne m'accusiez de dissimulation... écoutez, mon ami; il est des préjugés que la raison désaprouve; mais qui n'influent que trop malheureusement sur notre destinée; ce langage vous surprend, je le vois.

GEORGES, *à part.*

Des préjugés!...

ANNA.

Malgré l'obscurité dans la quelle nous vivons ici, par devoir, mon père s'opposera toujours à notre mariage.

GEORGES, *à part.*

Qu'entends-je?..

ANNA.

S'il ne consultait que son cœur et sa tendresse, croyez qu'il s'empresserait de nous rendre heureux; mais, vous le dirai-je... l'état.. où le sort vous a placé.

GEORGES, *à part.*

O ciel! serais-je découvert?

ANNA.

Hélas! je vous aimais aussi Georges... Fallait-il donc que votre naissance... ne fût pas égale à la sienne!..

GEORGES, *à part.*

Qui a pu l'instruire?... (*Haut.*) Quoi! vous savez... Ah! ma chère Anna, pardonnez; je ne vous avais caché mon rang et ma fortune, je n'avais pris cet habit que pour me rapprocher de vous.

ANNA, *surprise à part.*

Que dit-il?..

GEORGES.

Mais, je le jure par les nœuds que je veux former.... ces préjugés ne sont rien à mes yeux.

ANNA.

Ma raison s'égare-t-elle?... qu'avez vous dit?... Georges... monsieur...

GEORGES.

Que l'aimable Anna, simple villageoise, est digne par ses vertus du rang et du nom que je veux lui donner.

ANNA.

Est-ce un songe?... quoi! vous êtes!...

GEORGES.

Maître de mon bien, de mes volontés... libre de faire un choix et c'est vous, c'est vous qui serez l'épouse adorée...

ANNA.

Quel nouveau jour m'éclaire !.. se peut-il?

MORCEAU D'ENSEMBLE.

ANNA.

Georges ! vous me trompiez ! grands dieux!

GEORGES.

Hélas! ce n'est plus un mystére !
Mais je n'ai trompé que vos yeux ;
Mon cœur, en cherchant à vous plaire,
N'a pas eu de coupables vœux.

SCENE XX.

LES précédens, RAYMOND, SIMONNE.

RAYMOND, *sortant avec un air inquiet.*

Te voilà, ma fille ?...

ANNA, *se jettant dans ses bras.*

O mon père!

RAYMOND.

Ma fille... ton cœur est ému !

GEORGES, *à part.*

C'est Raymond ! que faire?
Je sens mon courage abattu,
Et je crains son regard sévère.

SIMONNE, *à part, à Raymond.*

Monsieur, ils ont pleuré tous deux...
Ces chers enfans ! Ah ! quel dommage,
Près d'être séparés, je gage
Qu'ils s' faisaient leurs tristes adieux.

RAYMOND, *à sa fille.*

Notre départ est nécessaire ;
Ma fille, viens, viens, suis ton père ;
Pour fuir j'ai plus d'une raison.

SIMONNE, *bas à Anna.*

Ce matin, près de la maison,

J'ai vu moi-même un émissaire,
Quelque méchant, quelque espion..

ANNA, *vivement.*

Que dites-vous ?.. partons, mon père...
Un espion !,. un émissaire !..
Ah ! je ne pense plus à moi !
Votre bonheur, voilà ma loi !

GEORGES, *à part.*

Je n'entends rien à ce mystère,
Qu'ont-ils donc ? et pourquoi...
Cet effroi ?

SIMONNE.

Georges lui-mêm' peut vous le dire,
Mon cher Géorges, il faut nous instruire...
Dit' quel était cet inconnu,
Qui ce matin même est venu,
Qu'à votre place, là j'ai vu,
Qui tout à coup a disparu...

TOUS.

Dites-nous ce qu'il est devenu ?

GEORGES, *étonné.*

Un inconnu !...
Chez moi venu !
Que signifie ?
Ah ! c'est mon valet, je le parie !

SCENE XXI.

Les Mêmes, GRIFFMANN, un homme de justice ou BAILLIF et des Gardes.

LE BAILLIF *aux gardes.*

Gardez bien tous les chemins ;
Il faut qu'on les environne,
Qu'on les cerne et que personne,
Ne s'échappe de vos mains.

SCENE XXII.

Les Mêmes, CHARLES, *paraissant sur la porte de la chaumière de Georges.*

RAYMOND, ANNA, SIMONNE.

Des soldats !.. la justice !

GEORGES ET CHARLES.

Que veut dire ceci ?

GRIFFMANN, *au juge.*

Remplissez votre office.

GEORGES ET RAYMOND.

Qui cherchez-vous ici ?

LE BAILLI.

Le coupable... ou le complice !

GRIFFMANN, *montrant Georges.*

Le coupable, le voici.

(*Deux gardes entourent Georges pour l'arrêter.*)

CHARLES, *se précipitant tout à coup vers son maître, et le tenant dans ses bras.*

Mon maître coupable !...

TOUT LE MONDE.

Son maître !

GRIFFMANN.

Il faut qu'il se fasse connaître.

CHARLES.

Messieurs, vous vous êtes mépris.

LE BAILLIF.

Déclarez vîte qui vous êtes.
Dites nous ce que vous faites,
Votre nom ? votre pays ?
Et cet argent où l'avez-vous pris ?

GRIFFMANN.

Un homme qui vit avec peine,
Du chétif travail de ses mains,
N'achette pas un domaine,
De treize mille florins !

LE BAILLIF, GRIFFMANN ET LES GARDES.

La justice te soupçonne.

GEORGES.

Je devine à présent pourquoi.

RAYMOND, *à Anna.*

Tout ici me confond ! m'étonne !

LE BAILLIF, GRIFFMANN ET LES GARDES.
La justice te soupçonne !
Allons vite explique toi.

GEORGES.
Ce domaine est à moi,
Je ne dois de compte à personne.

ENSEMBLE.

LE BAILLI ET LES GARDES.
Insolent ! marche, suis nous...

ANNA.
Arrêtez, que faites-vous?

GEORGES ET CHARLES.
Ah ! prenez un ton plus doux.

RAYMOND.
Doucement... expliquons nous.

LE BAILLIF, GRIFFMANN, et les Gardes.
Ton nom ? ton état ? ton pays ?

GEORGES.
Vous allez savoir qui je suis.

RAYMOND.
Je n'entends rien à tous ces cris.

SIMONNE, et ANNA, *à part*.
Je tremble ! mes sens sont saisis !

LE BAILLIF, *à Georges*.
Reconnaissez-vous cet écrit?

GEORGES.
Oui, j'en ai le double sur moi.

LE BAILLIF.
C'est bien vous qui avez acheté cette maison ?

GEORGES.
Moi-même.

LE BAILLIF.
C'est bien vous qui l'avez payée comptant treize mille florins ?

GEORGES.
Moi même.

LE BAILLIF.
Cette signature est-elle aussi la vôtre ?

GEORGES.

C'est la mienne.

GRIFFMANN.

C'est faux! Ce nom est celui d'un jeune seigneur très-distingué, très-connu... dont tout Inspruck...

GEORGES.

C'est moi... c'est moi... M. Griffmann. Oui, je me nomme Georges-Ferdinand de Wolchted! et la preuve, la voilà... M. le baillif, lisez ce papier.

RAYMOND.

Ferdinand de Wolchted!... Serait-il vrai?... ma fille...

(*Anna rougit et baisse les yeux.*)

LE BAILLIN.

Que vois-je?... (*Lui remettant le papier qu'il vient de lire.*) Ah! monsieur, pardon!... pardon!... Mais vous le savez, l'œil vigilant de la justice... Une autre fois, maître Griffmann soyez plus attentifs et n'exposez point un juge à voir sa pénétration en défaut.

(*Il sort avec ses gardes.*)

GRIFFMAN.

Eh bien! me voilà bien avancé, avec ma belle découverte!

GEORGES, *à Griffmann qui reste.*

M. Griffmann, je suis ici chez moi. (*Il lui indique qu'il doit se retirer.*)

GRIFFMANN.

Rien de plus juste! Monsieur, rien de plus juste! (*A part en s'en allant.*) Une autre fois quand j'aurai des soupçons, je me garderai bien d'en avertir la justice. (*Il sort.*)

SCENE XXIII, *et dernière.*

RAYMOND, ANNA, GEORGES, CHARLES, SIMONNE.

GEORGES, *à Raymond.*

Vous l'avez entendu, on vient de m'arracher un secret que je n'aurais point tardé à vous révéler.

RAYMOND, *d'un ton sévère.*

Quel était votre dessein, monsieur?

GEORGES.

D'être aimé d'Anna!... d'acquérir votre amitié, votre estime!... Sous le nom de Ferdinand, vous n'eussiez vu peut-être qu'un séducteur; sous celui de Georges, j'ai voulu vous prouver que je méritais d'être son époux.

SIMONNE, *à Anna.*

Ne vous l'disais-je pas tantôt? ce jeune homme là a des sentimens au dessus de son état.

RAYMOND.

Ma fille, saviez-vous?..

ANNA.

Mon père... à l'instant même il venait de m'en faire l'aveu.

RAYMOND, *à Anna.*

Jurez moi qu'il ignore qui nous sommes?

ANNA.

Je le jure...

RAYMOND, *d'un ton sévère.*

Georges, ou plutôt Ferdinand...

GEORGES.

Appelez moi votre fils! vous ne vous tromperez plus...

RAYMOND.

Eh bien! mon fils! supposez que je consente à vous unir, consultez bien votre cœur, et dites moi si, en associant votre sort à celui d'une famille obscure... ignorée.. à celui d'une villageoise... vous n'aurez pas un jour des regrets, vous ne rougirez pas...

GEORGES.

Que dites-vous, M. Raymond, les vertus d'Anna sont ses titres de noblesse... et s'il est quelques préjugés dont vous redoutiez encore l'effet, je renonce pour elle à toute autre distinction, je vous suivrai par-tout... je vivrai avec vous.

RAYMOND, *vivement.*

Je crois à tes sermens, mon cher Georges. viens Anna, il est digne de toi. (*à Georges, en mettant sa main dans celle d'Anna.*) Épouse la fille du baron de Mansberg!...

GEORGES.

Du baron de Mansberg!

CHARLES, *tout effaré.*

Vous êtes le baron de Mansberg!.. attendez donc. O mon dieu!... Ecoutez.. écoutez... Ah monsieur. Ah! mon maître,.. « Journal officiel !.. (*Il parcourt des yeux la feuille et cherche l'article qu'il veut lire.*) j'y suis! j'y suis... (*Lisant très-vite.*) » Vienne... c'est de Vienne! Son excellence mon- » sieur le comte de Zildermann, ministre des af- » faires étrangères, invite les personnes qui auraient » connaissance de la retraite du baron de Mans- » berg, à vouloir bien lui en donner avis. (*S'interrompant.*) Ce n'est pas tout! ce n'est pas tout!... (*Il continue.*) » Il ne s'agit...

GEORGES, *arrachant le papier des mains de Charles et achevant de lire lui même.*

« Il ne s'agit rien moins que de rendre l'honneur » à cet homme respectable qui a été si indigne- » ment calomnié et de le rappeller à des fonctions » dignes de ses talens et de sa justice...

ANNA.

Ah! mon père!

SIMONNE.

Quelle nouvelle!.. quelle heureuse nouvelle!.. et moi qui croyais·· (*A Charles.*) Mon ami, mon ami, il faut que je vous embrasse...

GEORGES.

Quel bonheur!

ANNA.

Quelle joie!

RAYMOND.

Je n'éprouve qu'un sentiment calme, ma conscience me suffit, et je n'ambitionne plus rien.

GEORGES.

Non, monsieur, c'est en vous montrant que vous

confondrez vos ennemis; le prince vous réclame, l'état vous redemande, vos services leur appartiennent, et dans votre position il sera glorieux pour vous, de sacrifier encore votre intérêt particulier à celui d'un souverain qui se plait à publier votre innocence.

RAYMOND.

Mon fils ! Des larmes... Je suis trop ému... Ce jour... Tant d'événemens à la fois. (*A Anna.*) Toi qui as fait jusqu'ici ma consolation, et vous aussi, mon fils, quelque parti que je prenne, vous me l'avez promis, vous ne me quitterez plus.

GEORGES.

Le monde m'avait captivé,
Le bonheur m'échappait sans cesse ;
Dans cet asyle, j'ai trouvé
Candeur, vertu, bonté, simplesse.
Si le souvenir rend heureux,
S'il nourrit de douces chimères,
Mes amis, en quittant ces lieux,
N'oublions pas nos deux chaumières.

CHARLES.

Je ne suis pas ambitieux,
L'éclat n'est point ce que j'envie :
Je demande, pour être heureux,
Argent, bon vin, femme jolie,
Belle santé, franche gaité,
Doux repos et longue carrière....
A ce prix là, sans vanité,
Je vivrais dans une chaumière.

ANNA.

Des censeurs redoutant le droit,
L'auteur vous soumet son ouvrage ;
Il n'a bâti qu'un simple toit,
Pour être à l'abri de l'orage.
Lorsqu'il ose compter ce soir
Sur vos bontés hospitalières,
Ne détruisez pas son espoir,
Et protégez ses deux chaumières.

www.ingramcontent.com/pod-product-compliance
Lightning Source LLC
Chambersburg PA
CBHW070656050426
42451CB00008B/384